LE BAIN DE VAPEUR

DIALOGUE

MENTAL ET SUDORIFIQUE, A TRANSFORMATIONS

PAR

M. HENRY BUGUET

PARIS

TRESSE, ÉDITEUR

GALERIE DU THÉATRE-FRANÇAIS, PALAIS-ROYAL

1881

LE
BAIN DE VAPEUR

DIALOGUE MENTAL & SUDORIFIQUE

A TRANSFORMATIONS

A MON AMI ABEL MERCKLEIN

LE
BAIN DE VAPEUR

DIALOGUE MENTAL & SUDORIFIQUE

A TRANSFORMATIONS

PAR

HENRY BUGUET

PARIS

TRESSE, ÉDITEUR

GALERIE DU THÉATRE-FRANÇAIS, PALAIS-ROYAL

MDCCCLXXXI

LE BAIN DE VAPEUR

DIALOGUE MENTAL & SUDORIFIQUE

A TRANSFORMATIONS

Représenté pour la première fois sur le Théâtre des Bouffes-Bruxellois

---

PERSONNAGES

JOUVINARD, rentier, 40 ans. (M. Legrenay
CYPRIEN, son domestique. (M. Léon Noel

UNE CHAMBRE DE BAIN DE VAPEUR

Au lever du rideau, la boîte à vapeur est cachée par un paravent déployé à droite; dans un coin, visible pour le public, le cylindre muni des robinets et des conduits qui amènent la vapeur dans la boîte. — Ameublement : un fauteuil, deux chaises, un guéridon. — A droite, cheminée et glace. Sur la glace, une affiche indiquant le nom de l'établissement balnéaire. — A gauche, au mur, un porte-manteau auquel sont accrochés des vêtements d'homme et un chapeau gibus.

SCÈNE Ire

CYPRIEN, JOUVINARD

Au lever du rideau, Cyprien, en tenue de domestique se tient à droite, à côté du cylindre à vapeur.

CYPRIEN.

Si Monsieur est bien installé dans sa boîte, je vais lui lâcher la vapeur ammoniacale.

JOUVINARD, invisible, derrière le paravent.

Enlevez le paravent.

CYPRIEN, courant enlever le paravent.

C'est juste, maintenant on ne voit plus que la tête de Monsieur. (A part), oh ! c'te tête ! (La tête de Jouvinard apparaît, émergeant de la boîte à vapeur).

JOUVINARD.

Cyprien, mettez-moi une serviette sur le front.

CYPRIEN.

Voilà ! voilà ! Monsieur. (Il met la serviette de façon à en faire un turban ridicule). Monsieur ressemble à un Kroumir.

JOUVINARD, vexé.

Je ne vous demande pas à qui je ressemble.

CYPRIEN, courant au cylindre.

J'ouvre le robinet.

JOUVINARD.

Modérément, je veux rester plus longtemps qu'hier.

CYPRIEN, sortant un petit thermomètre de son tablier.

Je connais le tempérament de Monsieur. Il peut supporter 40 degrés.

JOUVINARD.

Pas d'imprudence, surtout.

CYPRIEN.

Allons donc! Ce n'est pas parce que Monsieur m'a
donné mes huit jours que je me permettrais de... Oh!
Monsieur!...

JOUVINARD.

Bien! J'apprécie cette délicatesse.

CYPRIEN, à part.

Bourgeois naïf! Il croit tout ce qu'on lui dit.

JOUVINARD.

Ouf!... ça commence à chauffer.

CYPRIEN.

Est-ce que Monsieur a trouvé un autre domestique?

JOUVINARD.

Oui, oui.

CYPRIEN.

Ah bah!... déjà? (A part), canaille!

JOUVINARD.

A quoi bon vous occuper de votre successeur, je
vous mettrai de bonnes notes sur votre certificat;
c'est tout ce que je puis vous promettre.

CYPRIEN.

C'est déjà quelque chose, cela. Monsieur est trop

bon. (A part). je n'en veux pas de tes bonnes notes.
(Il va au robinet de vapeur et le tourne).

JOUVINARD.

Ah! ah! ah! ah! ah!!! trop de vapeur! trop de vapeur!!!

CYPRIEN.

Je veux bien, moi, mais Monsieur a tort. Quand on
est perclus de vieilles douleurs comme Monsieur, on
les cuit, on les rissole... Ah! Monsieur paye chère-
ment ses fredaines de jeune homme.

JOUVINARD, brutalement.

Je ne vous demande pas ce que je paye... Regar-
dez l'heure à la pendule.

CYPRIEN.

Trois heures dix-sept, Monsieur.

JOUVINARD.

Ma femme va venir me chercher à quatre heures
moins un quart.

CYPRIEN, à part.

Voilà qui m'est équilatéral, par exemple.

JOUVINARD.

Vous me ferez sortir de la boîte, à quatre heures.

CYPRIEN.

Oui, Monsieur. (A part), c'est sa maison qui est une

vraie boîte. (Haut), la femme de chambre de Madame apportera le linge de Monsieur?

JOUVINARD.

Non, c'est Madame, car la femme de chambre... je l'ai congédiée ce matin.

CYPRIEN.

Ah! bah? Monsieur renvoie donc tout le monde?

JOUVINARD.

Elle a eu la langue trop longue, et je ne souffre pas qu'on bavarde.

CYPRIEN, à part.

Je la connais celle-là! (Haut), eh! eh! Monsieur ne sait peut-être pas que la femme de chambre a dans les dragons un cousin qui n'est pas commode du tout.

JOUVINARD, colère.

Assez! Vous m'agacez... J'étouffe!

CYPRIEN, à part.

S'il pouvait étouffer tout à fait... (Il va au robinet sournoisement, le tourne et gagne la porte).

JOUVINARD, à Cyprien, lorsqu'il passe devant lui.

Vous vous en allez dans sept jours.

CYPRIEN, avec aigreur.

Si Monsieur veut que je m'en aille tout de suite...

JOUVINARD.

Non, non, vous ferez vos sept jours.

CYPRIEN.

Sept jours d'enfer, alors. (Il sort).

SCÈNE II

JOUVINARD, seul.

Ah ! mais, c'est intolérale !... Ce gredin de domestique a lâché toute la vapeur... (Criant), Cyprien !... Cyprien !... Misérable !... (Cyprien entre vivement en s'efforçant de ne pas rire).

SCÈNE III

JOUVINARD, CYPRIEN

CYPRIEN.

Monsieur, m'appelle ?

JOUVINARD, suffoquant.

Ouf ! ouf !... Fermez le robinet, fermez donc le robinet !...

CYPRIEN, fermant le robinet et consultant son thermomètre.

Il n'y a cependant pas plus de quarante-cinq
degrés.

JOUVINARD.

Quarante-cinq degrés ! Vous voulez donc que
j'éclate ? Essuyez-moi la figure, je ruisselle.

CYPRIEN.

Volontiers. Je ne suis pas dégoûté de Monsieur, moi.
(Il lui essuie la figure).

JOUVINARD.

Je suis épuisé... Je vais sortir.

CYPRIEN.

Pas encore, Monsieur ; c'est à peine si vous êtes
rouge.

JOUVINARD.

Vraiment ? Apportez-moi une glace.

CYPRIEN.

Vanille ou framboise ?

JOUVINARD.

Êtes-vous bête, je vous demande un miroir.

CYPRIEN.

Ah !... voilà, Monsieur. (Il lui présente une petite
glace qu'il a décrochée du mur).

JOUVINARD.

Juste ciel ! ma figure changée en tomate !... farcie.

CYPRIEN.

C'est bon ça, Monsieur ; c'est le mal qui sort par tous les pores.

JOUVINARD.

Porc vous-même. Allez me chercher un verre de vin de coco du Pérou, je m'habillerai ensuite.

CYPRIEN.

Oui, Monsieur, mais je ferai remarquer à Monsieur que le docteur m'a bien recommandé de lui goudronner la figure.

JOUVINARD.

Maudit traitement ! Faites vite avant que ma femme n'arrive.

CYPRIEN, le badigeonnant au goudron.

Monsieur a peur que Madame le prenne pour un nègre.

JOUVINARD.

N'en mettez pas trop ; c'est le diable après, pour le retirer.

CYPRIEN.

Non, Monsieur, avec un peu de savon noir et du grès il n'y paraît plus.

JOUVINARD.

Allons, bon, j'ai envie de me moucher. (Il éternue) C'est l'ammoniaque.

CYPRIEN.

Que Monsieur ne se dérange pas, je suis à son ser-
vice pour tout faire. (Il va décrocher les habits du
porte-manteau, en sort un mouchoir et garde les
habits sur son bras gauche ; de la main droite, il mou-
che Jouvinard).

JOUVINARD.

Vous me pincez le nez.

CYPRIEN.

Vous croyez, Monsieur ?

JOUVINARD.

Maintenant, mon vin réconfortant. Vite, vite.

CYPRIEN.

Oui, Monsieur. (Il sort précipitamment en emportant les habits).

———————

SCÈNE IV

JOUVINARD, seul.

Au fond, il n'est pas méchant... cet idiot, il est
même assez serviable... mais il est curieux, gour-
mand, potinier, hâbleur et coureur, c'est pour cela
que je lui ai flanqué ses huit jours.

CYPRIEN, rentre avec un plateau contenant une bouteille de vin et un verre. — Il est méconnaissable.

Il a un gilet vert au lieu d'un gilet rouge; il a une barbe postiche et déguise sa voix. Il présente le plateau sous le nez de Jouvinard.

JOUVINARD.

Remplissez le verre. Comment voulez-vous que je me verse? Tiens, ce n'est pas mon domestique.

CYPRIEN, accent belge.

Sais-tu, une fois, vilain moricaud, que ce n'est pas pour vous et que je te défends d'y toucher une fois, sais-tu?

JOUVINARD.

En voilà encore un imbécile! C'est bien pour moi, au contraire.

CYPRIEN.

Godfordom. Tu voudrais m'en imposer et te faire passer pour ton maître, savez-vous.

JOUVINARD.

Quel âne! Mais c'est le goudron! Quand je n'en ai pas sur la figure, je suis blanc comme toi, triple cuistre.

CYPRIEN.

Non, non, le bon vin n'est pas pour toi, et je le remporte pour une fois, sais-tu. (Il sort en emportant le plateau, le verre et la bouteille).

JOUVINARD, criant.

Envoie-moi mon domestique, ou je te fais chasser de cet établissement.

CYPRIEN, rentrant.

Bon nègre, je ne connais pas domestique à toi, comment li s'appelle-t-il?

JOUVINARD.

Cyprien !

CYPRIEN.

Tiens, il y a une chanson sur ce nom-là ; la sais-tu? Moi, je la chante une fois. (Il fredonne),

> Cyprien c' n'est pas bien
> Tu m'aim's et tu n' payes rien.

(Il sort).

SCÈNE V

JOUVINARD, seul.

Je suis hors de moi. Ce bain de vapeur m'aura fait plus de mal que de bien. Je vais essayer d'en sortir tout seul. (Il soulève déjà le couvercle de la boîte, mais le laisse retomber en s'écriant), mes habits?... Je ne vois plus mes habits au porte-manteau, ce Cyprien les aura emportés!... mais dans quel but?... Pour les brosser?... Ça n'est pas dans ses habitudes!.. (A ce moment, une dame en toilette excentrique entre mystérieusement et referme vivement la porte sur elle. Cette dame est Cyprien travesti).

—

SCÈNE VI

JOUVINARD, CYPRIEN

JOUVINARD.

Hein! Que veut cette dame? Elle se trompe bien sûr.

CYPRIEN, embrassant Jouvinard.

Ah ! non ! C'est plus fort que moi, je ne puis m'empêcher de t'embrasser... comme autrefois.
(En embrassant Jouvinard, il lui a retiré le goudron de ses joues qui apparaissent blanches comme son nez).

JOUVINARD.

Pardon, Madame, mais ne croyez-vous pas vous tromper de chambre ?

CYPRIEN.

Non, non, mon cher adoré.

JOUVINARD.

Je dois vous dire qui je suis, car ce goudron médical sur le faciès me le change tout à fait.

CYPRIEN.

Non, non, tu es beau comme un zèbre et je t'aime aujourd'hui, comme il y a quinze ans.

JOUVINARD, à part.

Il y a quinze ans... Ce serait donc une ancienne... Fichtre ! Et ma femme qui va venir me chercher. (Haut), je m'appelle... Emile Jouvinard. Je suis ren-

tier, il est vrai, mais je suis marié, ce qui est quelque
peu l'envers de la médaille.

CYPRIEN.

Je sais tout cela, et bien d'autres choses encore.

JOUVINARD.

Votre nom, Madame, votre nom ? car, d'hon-
neur, je ne vous remets pas du tout... Oh ! mais pas
du tout...

CYPRIEN.

Arnold, je vais te le dire, dans un baiser !... (Il
embrasse Jouvinard et lui dit un nom à l'oreille).

JOUVINARD, à part.

Berlurine ! C'est Berlurine ! Quel dégommage ! (Haut),
donnez-moi un rendez-vous, j'irai, Madame, je vous
le jure, nous nous expliquerons à notre aise et je n'en-
durerai pas, comme en ce moment le supplice de
saint Laurent qu'on retourne sur son gril... Ma
femme va arriver d'une minute à l'autre, et...

CYPRIEN.

Et tu as peur de ta femme. En effet, elle te mène
bien par les verres de tes lunettes.

JOUVINARD, à part.

Et ce Cyprien qui ne reparaît plus... Il me débar-
rasserait d'elle ! (A Cyprien), ayez donc l'extrême obligeance de sonner le domestique, je vous prie.

CYPRIEN, appuyant sur le bouton électrique placé près
de la cheminée.

C'est juste, mon Arnold ; dans cette boîte, tu n'as

2

que la tête de libre !... (Avec un soupir forcé), que n'as-tu le cœur !

JOUVINARD.

C'est convenu, n'est-ce-pas, vous vous en allez ; vous me laissez me vêtir et je vous retrouve ce soir où vous voudrez.

CYPRIEN.

Où *vous* voudrez ! Oh !

JOUVINARD.

Où tu voudras, là ; es-tu contente ?...

CYPRIEN.

Oh ! voui !! oh ! voui !!! (Il l'embrasse et lui fait encore une tache blanche sur le front). Je t'attendrai à neuf heures, dans le passage Verdeau, en regardant les photographies... (Il baisse les yeux pudiquement).

JOUVINARD.

Décolletées... dis donc le mot. (Bruit de voix dans la coulisse).

JOUVINARD, dans les transes.

Oui, oui, dans le passage verre-d'eau dada, à dix heures ; mais, sauve-toi ! sauve-toi !

CYPRIEN.

Je vais t'envoyer ton domestique... si je le rencontre. Comment est-il fait ?

JOUVINARD.

Fichtre ! non. Il dirait à ma femme que j'ai des maîtresses qui viennent me relancer au bain de vapeur.

CYPRIEN.

A ce soir, chérubin !... chérubin... de vapeur! (Il lui envoie des baisers en sortant à reculons et en se cognant dans la porte défonce son chapeau et perd son chignon).

SCÈNE VII

JOUVINARD, seul.

Pour le coup, c'en est trop de vapeur ! Je sors de la boîte, dussé-je voir surgir devant moi la reine de Madagascar. (Il veut sortir de la boîte, mais il lui est impossible de soulever le couvercle). Hein ! Qu'est-ce qu'il y a donc? Impossible de me dépêtrer de là-dedans... le bois a joué... horreur !!! Que vois-je, que disting-je ? Que constat-je ? On a cloué la planche qui me sert de faux-col... Et quel est le gueux qui a fait ce coup qui étrangle le mien? Mon infernal domestique peut-être?... Dame, il ne reparaît plus... si encore il avait fermé la vapeur... l'animal!... Je m'en vais en eau... Que faire? Mourir de faim et de soif dans cette boîte ? Y attendre l'année dix-neuf cent?... Je vais sonner à tout casser... quelqu'un viendra bien. Que je suis bête... impossible de sonner! Allons, encore un vigoureux coup d'épaules pour déclouer la planche. (Il fait des efforts désespérés. On frappe à la porte). Ah ! ma femme! je suis sauvé !!!
(Cyprien entre, travesti en dragon, avec sabre et casque).

SCÈNE VIII

JOUVINARD, CYPRIEN

Cyprien, *entrant et s'essuyant le front.*

Mille millions de casques, qu'il fait chaud ici. (A Jouvinard). c'est-il vous le pékin qui répond au nom de Arnold Jouvinard, bourgeois, rentier, sans autre profession avouable.

JOUVINARD.

Oui, militaire, oui... Ayez donc l'obligeance de fermer le robinet de vapeur qui est là à votre droite. *(A part)*, que peut me vouloir ce cavalier ?

Cyprien, *allant fermer le robinet.*

Pauvre homme !... Vous devez être rôti comme un mauvais poulet.

JOUVINARD, *à part.*

Pourquoi, mauvais?... (Haut), je ne vous connais pas. je ne soupçonne même pas le motif qui vous fait venir me trouver jusque dans ce sanctuaire intime et balnéaire, mais vous me semblez être un brave militaire et je vous prie de me déclouer...

Cyprien, *riant.*

Vous avez des clous?... C'est signe de santé, ça ; mais. avec quoi que vous voulez que je vous les enlève... je n'ai pas d'onguent Bossu sur moi.

JOUVINARD.

Vous confondez. Je veux dire qu'une main crimi-

nelle m'a cloué ou vissé dans cette boîte et que je voudrais bien en sortir mort ou vif.

CYPRIEN.

C'est une farce qu'on vous a fait, bourgeois.

JOUVINARD.

Si j'en découvrais l'auteur, je lui couperais les
oreilles.

CYPRIEN, à part.

Tâche, que je vais te retirer de là, mon bonhomme ?
(Haut), avez-vous un marteau, des tenailles, un ci-
seau ?

JOUVINARD.

Si j'avais ces outils, je ne solliciterais pas votre
assistance. — Ah ! une idée ! Dégaînez, et avec votre
sabre, faites une pesée sous le couvercle.

CYPRIEN.

Pour le tordre ou l'ébrécher ! Vous vous moquez de
moi, bourgeois. Rollande fait un somme dans son lit
d'acier, et quand elle dort, le diable ne la réveillerait
pas.

JOUVINARD.

Vous n'avez pas le cœur sensible, militaire.

CYPRIEN.

Ah ! il vous assied bien de débiner la sensibilitesse
du cœur des autres, à vous, qui venez de flanquer ma
payse à la porte, comme un vulgaire paquet de linge
sale ..

JOUVINARD, à part.

Flambé !... C'est le défenseur de ma bonne ! (Haut),
je l'eusse gardée toute sa vie, si elle eût fait son de-
voir.

CYPRIEN.

Hein ! Qu'est-ce que tu oses dire, vil suborneur!
Tu as renvoyé Marianne sous le pretesque futil
et alligator qu'elle avait toujours mal aux dents.

JOUVINARD.

Pourquoi ne se les fait-elle pas arracher ?

CYPRIEN.

Ah ! Tu vois, triple bourreau, tu en conviens ! Tu
n'as de griliefs contre cette fille que parce qu'elle a de
vraies dents et que les tiennes sont fausses, fausses
comme des jetons z'au loto.

JOUVINARD.

Ah ! si on peut dire!...

CYPRIEN.

Je te dis, moi, vieux grigou, que tu as renvoyé Marianne, parce qu'ayant voulu lui faire quatre doigts de
cour, elle t'a flanqué une gifle, tiens, comme celle-là.
(Il lui donne une gifle) qui a désarticulé ton râtelier,
qui est allé se promener à ses pieds.

JOUVINARD.

Soldat, vous m'en rendrez raison.

CYPRIEN.

Tout de suite, si tu veux, mais écoute ; avant de

faire couler ton sang de radis noir, je veux que tu
t'engages à reprendre ma payse, sinon je dégaîne et
Rolande te tranche la tête, pour te transformer su-
brepticement en décapité parlant. (Il dégaîne et fait
mine avec son sabre de décapiter Jouvinard au ras de
la boîte). — Jouvinard, épouvanté, rentre le cou dans
la boîte en faisant d'horribles grimaces).

JOUVINARD.

Grâce !... Grâce ! Je la reprendrai !

CYPRIEN.

Tu me le jures ?

JOUVINARD.

Je vous le jure.

CYPRIEN.

Sur quoi ?

JOUVINARD.

Sur l'attaque d'apoplexie que je sens venir !...

CYPRIEN, à part.

Je crois avoir vengé suffisamment notre estimable
corporation. (Haut, changeant de ton). Monsieur aura
pris un bon bain de vapeur aujourd'hui.

JOUVINARD, à part.

Cette voix !... (Haut), misérable, tu es Cyprien dé-
guisé !

CYPRIEN.

Et quand cela serait... Tenez, je m'en vais... je
vous laisse à perpétuité. . dans votre boîte. (Fausse
sortie.

JOUVINARD.

Misérable, délivre-moi, ou sinon ! (Il fait des efforts désespérés pour se dépétrer et y réussit. La boîte se descelle du parquet, et Jouvinard, la boîte l'étreignant toujours par le haut du corps, mais lui laissant les jambes libres, se met à courir après Cyprien.

CYPRIEN.

Ah! la vapeur qui marche !!! Monsieur est une locomotive. (Il imite la vapeur), choum... choum... choum !

JOUVINARD, envoyant à Cyprien un vigoureux coup de pied au derrière.

Je t'en flanquerai, moi de la vapeur, tout à l'heure, chez le commissaire de police.

CYPRIEN.

Allons, Monsieur, ne vous fâchez pas... (S'apprêtant à le débarrasser de la boîte, il crie comme aux portières des wagons), Charenton! dix minutes d'arrêt; buffet !

Le rideau baisse.

Paris — Imp. P. Dubreuil, rue des Martyrs, 15 et 18 bis

Paris. — Imprimerie de E. Donnaud, rue Cassette, 1.